INVENTAIRE
R25760

AF613426

VENTAIRE
R 25764

R
Falc.
3077.

LETTRE

D'UN PHYSICIEN

SUR LA PHILOSOPHIE de NEUTON, *mise à la portée de tout le monde par Monsieur* DE VOLTAIRE.

1469.

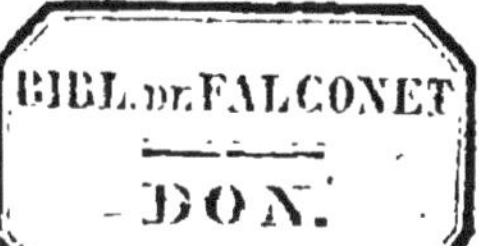

MDCCXXXVIII.

R. 2646.

R

25764.

3077

LETTRE D'UN PHYSICIEN

SUR LA PHILOSOPHIE de NEUTON, *mise à la portée de tout le monde par Monsieur* DE VOLTAIRE.

MONSIEUR,

Si vous avez lû les Lettres Philosophiques de M. de Voltaire, vous ne serez pas surpris de le voir mettre le Chevalier Neuton, fort au-dessus de Descartes : son goût pour les Anglois, est un goût décidé ; il l'a porté jusqu'à traiter favorablement les Quakers, & à faire en quelque maniere l'apologie du meurtre de Charles I. Malebranche est selon lui un visionnaire qui s'égare, & qui extravague : Locke est un Philosophe sensé, qui connoît la nature, & qui en developpe les voies avec une sagacité merveilleuſe ; il met éternellement les Anglois en paralelle avec les François, afin d'avoir occaſion de s'égayer aux dépens de ceux-ci, par des traits plus malins encore qu'ils ne ſont ingenieux : Enfin il a voulu devenir Philoſophe, afin de rendre le Neutoniſme ſenſible à tout le monde, & d'accréditer le ſyſtême du Philoſophe Anglois.

Le projet eſt beau, ſans doute, & digne de M. de Voltaire ; mais y a-t-il réuſſi ? Je vais tacher de vous mettre en état d'en juger, & je ferai enſorte que mes raiſonnemens ſoient plus ſenſibles que les preuves que le nouveau diſciple de M. Neuton apporte en faveur du Neutoniſme. Ce ſyſtême n'en eſt pas devenu plus clair, pour avoir paſſé par les mains de M. de Voltaire: Il n'inſtruit ni les ſçavans, ni les ignorans, il ne s'éleve pas aſſez pour ceux-là, il s'éleve trop pour ceux-ci. M. de Voltaire n'auroit-il pas peut-être plus cherché à ſe faire connoître comme Philoſophe Neutonien, qu'à faire connoître la Philoſophie Neutonienne ? Il étoit déja Poëte & Hiſtorien ; pour briller dans tous les genres, il falloit être Philoſophe & Philoſophe Neutonien ſur-tout. Peut-être jugerez-vous après la lecture de cette Lettre, que M. de Voltaire auroit auſſi-bien fait pour l'interêt de ſa gloire & de ſa réputation, de n'avoir pas eu la vanité de paroître Philoſophe; une imagination vive & brillante, eſt preſque toujours entre la vérité & nous : il eſt donné à peu de perſonnes de ſaiſir, de pénétrer, d'analiſer, de décompoſer, pour ainſi dire, de certaines idées, de certains raiſonnemens ; & ce privilége ineſtimable eſt rarement accordé au merite qui fait les grands Poëtes.

N'exigez pas de moi, que j'entre dans une réfutation detaillée du Livre de M. de Voltaire; je veux écarter autant que je pourrai cet appareil geometrique de calculs & de meſures, & me borner à examiner ſeulement avec le plus de préciſion qu'il me ſera poſſible ce que M. de Voltaire dit de la lumiére, des couleurs, du vuide, des tourbillons, de la gravitation & de l'attraction.

I.

On croyoit depuis Deſcartes que la lumiére étoit une matiére Globuleuſe répandue par-tout : que le Soleil en tournant ſur ſon centre preſſoit ces lignes de Globules, leur imprimoit un mouvement de vibration, qui ſe communiquoit très promptement à l'œil du ſpectateur. M. de Voltaire, dit qu'il eſt démontré que cette matiére Globuleuſe eſt Chimérique : demontré que *la lumiére émane du Soleil même en ſept ou huit minutes*, » & qu'elle » arrive des étoiles fixes de la pre- » miére grandeur en ſix années & plus » d'un mois, & des étoiles fixes de la » ſixiéme grandeur, en trente-ſix ans » & demi. » Avant d'examiner les prétendues demonſtrations de M. de Voltaire ; il eſt bon de faire une obſervation, dont nous aurons ſouvent beſoin.

M. de Voltaire n'en veut tant à la matiére Globuleuſe, dont on a inondé le monde, que parcequ'il veut établir l'exiſtence & la neceſſité du vuide. Il prétend démontrer par tout que le plein eſt impoſſible ; mais M. de Voltaire n'a-t'il pas fait reflexion, qu'il eſt obligé lui-même d'admettre le plein ? Les étoiles fixes, dit-il, ne nous envoyent la matiére lumineuſe, les unes qu'en ſix ans ; les autres qu'en trente ſix ans. Or c'eſt une vérité de fait, qu'on voit ces étoiles toutes les nuits, qu'on les voit le jour même des lieux extrêmement profonds, qu'on les voit de tous les points de la terre, qu'on les verroit de tous les points des Cieux, qu'on ne les voit que par une matiere d'une tenuité preſque infinie que ces étoiles fourniſſent éternellement ; donc, elles fourniſſent conſtamment une matiere qui remplit tous les eſpaces ; donc, il y a une matiere lumineuſe répandue dans toute la nature ; donc, M. de Voltaire détruit lui-même le vuide qu'il a ſi fort à cœur de rétablir. M. de Voltaire défie quelquefois tous les Philoſophes & les Geometres de lui répondre. A ſon exemple, j'oſe le défier de répondre à ce raiſonnement ; raiſonnement neanmoins dont les conſequences ſont bien victorieuſes, contre la nouvelle Philoſophie qu'on veut établir, comme nous le verrons ailleurs. Examinons à preſent les demonſtrations de M. de Voltaire.

Premiere demonſtration. *Si la lumiére étoit toujours répandue, toujours exiſtante dans l'air, nous verrions clair la nuit comme le jour.* Mais comment M. de Voltaire ne voit-il pas qu'il eſt obligé de convenir lui-même que la lumiére eſt toujours répandue, toujours exiſtante ? verrions-nous ſans cela les étoiles toutes les nuits ? Si la matiere lumineuſe ne rempliſſoit pas toujours les eſpaces compris entre les étoiles & nos yeux, & que cette matiere commençât à partir des étoiles, nous ſerions trente-ſix ans ſans les voir : Que M. de Voltaire réponde à cette difficulté qui le regarde comme Deſcartes ? & ſi la réponſe eſt bonne, nous nous en ſervirons ; mais peut-être l'attendroit-on en vain cette réponſe, & je vais y ſuppléer. Non, quoique la lumiére ſoit toujours répandue, nous ne devons pas voir clair la nuit : cette matiere lumineuſe n'éclaire, que lorſqu'elle reçoit un mouvement de vibration ; elle ne peut recevoir ce mouvement pendant la nuit ; parceque l'opacité de la terre, qui ſe trouve alors entre nous & le Soleil, arrête & interrompt ce mouvement.

Deuxiéme demonſtration ; *Il eſt démontré que la lumiére émane du Soleil ; & on ſçait que c'eſt à peu près en ſept ou huit minutes qu'elle fait ce chemin immenſe. Il eſt démontré*, par où & comment ? M. de

Voltaire ne le dit pas. Il nous permettra de ne le pas croire ſur ſa parole ; il n'a pas encore acquis aſſez d'autorité en Phyſique. D'ailleurs, ce n'eſt pas l'autorité, c'eſt la raiſon qui doit décider dans cette matiere. Or, la raiſon, ce me ſemble, décide qu'un écoulement continuel & ſi immenſe d'une infinité de parties auroit depuis tant de ſiécles épuiſé ou diminué ſenſiblement la maſſe du Soleil & des étoiles. Envain, M. de Voltaire obſerve-t'il que le Muſc élance ſans ceſſe autour de lui des corps odoriferants, ſans rien perdre ſenſiblement de ſon poids : c'eſt un fait qu'au bout de quelques années, cet écoulement diminue & ceſſe enfin abſolument. L'écoulement des étoiles fixes & du Soleil, a-t'il diminué depuis tant de ſiécles, & ceſſera-t'il tant que le monde ſubſiſtera ? Envain, ajoûte-t'il *que les Cometes qui tombent de tems en tems dans la Sphere du Soleil ſervent à réparer ſes pertes.* On voit bien que cela eſt dit, parce qu'il faut dire quelque choſe : quand un édifice manque par quelque endroit, on y met des étais : mais un édifice qui a beſoin de tant d'étais, eſt-il bien ſolide ? Une mauvaiſe raiſon ne perſuade pas & ne ſert qu'à révolter un eſprit ſenſé.

Troiſiéme demonſtration. *Les rayons qu'on detourne par un Priſme, & qu'on force de prendre un nouveau chemin, demontrent que la lumiére ſe meut effectivement :* Les Carteſiens nient-ils aujourd'hui que les Globules ayent un mouvement réel ? Que fait donc contr'eux une ſemblable preuve ? On ne ſoûtient plus le Carteſianiſme de Deſcartes : On a corrigé, ſimplifié le ſyſtême de ce grand genie, qui n'a pû tout voir. M. de Voltaire devroit le ſçavoir, ou s'il ne le ſçait pas, qu'il ſe contente donc de faire de beaux Vers.

Quatriéme & Cinq. demonſtration. *La lumiére entre toujours par un trou en ligne droite. Donc, il eſt impoſſible que la lumiére ſoit des Globules répandues par tout ;* je ne vois pas là d'impoſſibilité : Le Soleil tournant ſur ſon axe, les parties inſenſibles du corps Solaire s'écartent du centre à la circonference ; elles pouſſent par des tangentes innombrables les Globules contigus ; ces tangentes ſont des lignes droites : Les Globules ſe meuvent donc en ligne droite : La lumiére doit donc ſe propager par des lignes droites.

Après avoir apporté ces cinq demonſtrations prétendues, M. de Voltaire conclut avec une confiance impoſante. *Il eſt donc démontré que Deſcartes s'eſt trompé, & ſur la nature de la lumiére & ſur là maniere dont elle eſt tranſmiſe :* On voit bien que M. de Voltaire ne fait que d'entrer dans le ſanctuaire de la nature. Si avec l'eſprit qu'il a, il continue de cultiver l'étude de la Philoſophie, il examinera beaucoup, & décidera peu. Il voit à préſent la pure lumiére de l'évidence, où il ne verra peut-être que ténébres dans la ſuite. A préſent il prétend toujours demontrer ; il apprendra en étudiant à douter un peu. Cet air de confiance n'étonne pas dans un Philoſophe de quelques jours : des concluſions timides ſont le partage de l'homme qui a reflechi.

II.

Monſieur de Voltaire, comme pour préparer les eſprits à adopter l'attraction Neutonienne, ſoutient que ce ne ſont pas les ſurfaces ſolides d'une glace, ni les parties du vif argent, dont on couvre la ſurface intérieure de la glace, qui renvoyent les rayons; que ces rayons ſont reflechis par les pores du verre; que la lumiére rejaillit du vuide même; que c'eſt une force inconnue qui les met en jeu: La raiſon qu'il donne d'une opinion ſi ſinguliere, eſt que la ſuperficie de la glace la plus polie n'eſt qu'un amas de monticules, d'aſperités, d'éminences, d'inégalités; que dès-lors *les rayons qui tomberoient ſur ces inégalités, ſe reflechiroient ſelon qu'ils ſeroient tombés. Donc, étant tombés inégalement, ils ne ſe reflechiroient jamais reguliérement. Donc on ne pourroit jamais ſe voir dans une glace.* Ici comme ailleurs, M. de Voltaire chante victoire & tient la choſe démontrée: mais je demande à M. de Voltaire pourquoi donc je ne me vois pas dans une glace qui n'eſt pas polie, & dont une des ſurfaces n'eſt pas couverte de mercure? Une glace inégale & heriſſée d'aſperités n'a-t'elle pas des pores? Ne ſont-ils pas même & plus grands & plus nombreux? Pourquoi donc cette force inconnue n'agit-elle pas? Si on ne cherchoit pas de myſtére où il n'y en a pas, & qu'on ne ſe fût pas mis dans l'eſprit de faire de l'attraction une cauſe univerſelle ; on diroit ſimplement : une glace qui n'eſt point polie & couverte d'un côté de mercure ne repreſente pas les objets : Donc le mercure & le poli ſont la cauſe de la refléxion reguliére des objets. N'eſt-il pas étonnant de voir un Philoſophe recourir à une cauſe imaginaire & chimerique pour expliquer un Phenomene, lorſqu'on en trouve une cauſe naturelle & méchanique ? Les aſperités, qui reſtent dans une glace, quelque polie qu'elle paroiſſe, prouvent bien que quelques rayons s'éparpillent : mais cette glace enfin à des faces planes : Les parties ſolides du mercure bouchent un grand nombre de pores. La matiére lumineuſe qui tombe ſur ces parties ſolides, eſt obligée ſelon les Loix du choc de refléchir ; de ſorte que l'angle de refléxion ſoit égal à l'angle d'incidence. Or tout ce mecaniſme ne peut s'éxécuter, ſans produire la repréſentation des objets : Je ſuis ſûr qu'on entend cela ; mais entendra-t'on les myſtéres cachés de l'attraction qu'on fait intervenir ici ſans raiſon.

III.

Monſieur de Voltaire dit ſur le méchaniſme de l'œil, ſur le jeu, la refléxion & la refraction des rayons des choſes fort communes, & qu'on trouve par tout. Mais il n'en parle, ajoute-t'il, que parceque *cet examen lui fournira quelque choſe de nouveau & de vrai :* Il dit effectivement des choſes fort nouvelles ; mais ſont-elles également vraies ? on en jugera.

1o. *Un homme vû à quatre pas & à huit pas, eſt vû de la même grandeur : cependant l'image de cet homme à huit pas eſt préciſement double dans votre œil de celle qu'il y trace à quatre pas.* M. de Voltaire venoit de faire remarquer dans le Chapitre précedent, que l'image que peint l'objet ſur la Retine eſt d'autant plus grande que l'objet étoit plus proche ; auſſi ai-je crû d'abord que c'étoit une faute d'Impreſſion ; mais cinq ou ſix pages après il ajoûte, il eſt *demontré qu'il ſe forme dans mon œil un angle une fois plus grand, quand je vois un homme à quatre pieds de moi, que quand je vois ce même homme à deux pieds de moi*, & ailleurs, *l'angle ſous lequel je vois un homme à quatre pieds de moi est toujours double de l'angle sous lequel je le vois à deux pieds ; & la Geometrie ne resoudra jamais ce problême.* Il seroit inutile de faire des refléxions sur une méprise si considérable, tout le monde les apperçoit & elles seroient trop humiliantes pour de M. de Voltaire.

2°. Tous les Maîtres d'Optique comptent toujours parmi les moyens que nous avons pour juger des grandeurs & des distances la grandeur ou la petitesse des angles que forment sur la Retine les pinceaux Optiques : Car plus cet angle est grand, plus l'image de l'objet est grande : plus est grande l'impression faite sur la Retine, & dès-lors en consequence des Loix de l'union de l'ame & du corps, l'objet doit paroître plus grand ; M. de Voltaire prétend que ce moyen est inutile. Pourquoi ? parce qu'un homme vû de quatre pieds & de huit pieds paroît de la même grandeur : Je demande si ce n'est pas-là un paralogisme ? La grandeur & la petitesse des angles n'est pas quelquefois une voie sûre pour juger de la grandeur des objets ; donc, elle ne l'est jamais. Ce paralogisme s'appelle *à dicto secundùm quid ad dictum simpliciter.* La plûpart des hommes y tombent tous les jours en matiére de conduite & en matiére de raiſonnement. Mais un Philoſophe qui veut éclairer & inſtruire les autres, devroit l'éviter.

Pour reſoudre le problême que propoſe M. de Voltaire, les Maîtres d'Optique ont recours à l'interpoſition des objets. La Lune me paroît plus grande à l'Horizon qu'au Meridien; quoique dans ces deux poſitions elle faſſe dans mon œil des angles égaux: C'eſt que lorſque je regarde la Lune à l'Horizon, je vois des païs immenſes entre mon œil & la Lune, & par un jugement naturel je décide qu'étant plus éloignée, elle eſt plus grande: Une preuve que c'eſt la vraie cauſe de ce Phenomene, c'eſt que lorſqu'on regarde la Lune à l'Horizon au travers d'un tube optique, cet aſtre ne paroît pas plus grand à l'Horizon qu'au Meridien. Cette explication ſi naturelle ou a été ignorée, ou n'a pas plû à M. de Voltaire; il a recours à je ne ſçai quelles explications arbitraires, afin de pouvoir conclure avec Locke que nous apprenons à voir comme nous apprenons à lire.

3°. Une chose nouvelle que dit encore M. de Voltaire, c'est qu'il prétend que si les *hommes n'avoient que le sens de la vûe, ils n'auroient aucun moyen pour connoître l'étendue en longueur, largeur & profondeur; & qu'un pur esprit ne pourroit jamais la connoître, à moins que Dieu ne la lui revelât*; ce qu'il y a de plus singulier, c'est la raison que le Philosophe Neutonien apporte d'un semblable paradoxe; c'est *qu'il est très difficile, dit-il, de separer l'extension d'un objet d'avec les couleurs de cet objet; & que nous ne pouvons distinguer dans notre ame le jaune que nous voyons dans un louis d'Or, d'avec le louis d'Or, dont nous voyons le jaune*: Conçoit-on qu'on puisse apporter sérieusement de pareilles preuves? de ce que je ne puis séparer l'idée du jaune de l'idée du louis d'Or, il faut conclure seulement qu'il se fait quelquefois dans mon ame une association d'idées, de sorte que l'une rappelle toujours l'autre; ou est toujours liée avec elle: Mais en peut-on conclure que le sens de la vûe ne suffit pas pour connoître l'étendue? Quel autre sens faut-il donc? M. de Voltaire ne le dit pas; & la chose ne merite pas qu'on perde du tems à la deviner; ce tems seroit mieux employé à lui faire voir que l'idée de l'étendue ne peut venir des sens : Mais toutes les preuves qu'on lui apporteroit blanchiroient sans doute contre l'autorité de Locke. (1) Ce Philosophe est son Oracle en Metaphysique , comme Neuton l'est en Physique.

IV.

L'experience apprend qu'un rayon en partant de l'air dans l'eau se brise en approchant de la perpendiculaire : Que cette refraction est plus grande dans le verre que dans l'eau , dans le cristal que dans le verre. Descartes prétendit que plus un milieu étoit dense , moins la lumiére y étoit retardée . Le Pere De Challes soupçon-

(1) Ceux qui ont lû les Lettres Philosophiques , auront remarqué combien M. de Voltaire se plaît à élever Locke , & à décrier Malebranche. Malheureusement il n'a pas trop bien entendu ni l'un ni l'autre : Il dit en parlant du second ; *Malebranche dans ses illusions sublimes non-seulement admit les idées innées ; mais il prétendit que nous voyons tout dans Dieu :* Il y a la contradiction la plus manifeste à reconnoître des idées innées & à vouloir que l'ame les apperçoive dans Dieu. Aussi Malebranche emploie-t'il deux ou trois Chapitres de sa recherche à refuter l'opinion des idées innées. Il y a quelquefois des délicatesses dans de certains systêmes , qu'il est presque permis d'ignorer : mais est-il permis d'écrire contre une opinion , dont on est convaincu de n'avoir pas eu les premiéres idées ?

na que plus un milieu resistoit au cours de la lumiére, plus cette refraction devoit être forte. Un siécle d'experiences à appris que Descartes & De Challes se sont trompés. L'esprit de vin n'est pas plus dense ni plus resistant que l'eau ; & cependant les refractions qui se font dans l'esprit de vin sont beaucoup plus grandes que celles qui se font dans l'eau.

Neuton seul, dit M. de Voltaire ; *a trouvé la véritable cause qu'on cherchoit* ; & il prétend que *sa découverte merite l'attention de tous les siécles.* Quelle estelle cette découverte merveilleuse ? C'est que l'attraction est la cause que les rayons se brisent en passant par différents milieux ; ainsi il ne faut plus dire désormais que la lumiére se brise vers la perpendiculaire en passant d'un milieu plus difficile dans un milieu plus facile ; mais *en passant d'un milieu moins attirant dans un milieu plus attirant.* Quelles raisons en apporte-t'on ? aucune. M. Neuton l'a dit, M. de Voltaire le repéte, cela doit suffire apparemment, & il faut se rendre. Mais doit-on se rendre à un langage qui n'éclaire pas & qui n'apprend rien, ou à des explications plus obscures &

plus mystérieuses que le Phenomene même?

Il est d'autant moins pardonnable d'avoir ici recours à l'attraction, que ce Phenomene s'explique fort aisément, sans cette cause inconnue & chimerique: Quelqu'incroyable que soit la petitesse d'un rayon, c'est un corps enfin: Ce corps en entrant obliquement d'un milieu dans un autre, a deux determinations, l'une perpendiculaire, l'autre horizontale. Si donc il entre dans un milieu plus facile, la determination perpendiculaire trouve moins de résistance. La determination perpendiculaire doit donc prévaloir: Le rayon doit donc s'approcher de la perpendiculaire. Si au contraire le rayon passe d'un milieu plus facile dans un milieu plus difficile, la détermination horizontale trouve moins de résistance, elle doit donc prévaloir; le rayon doit donc se rompre en s'éloignant de la perpendiculaire.

Le seul point qui embarrasse, c'est de décider avec certitude ce qui rend un milieu plus facile pour la lumiére. Ce n'est pas précisément la densité; ce n'est pas non plus la rarefaction: les experiences apprennent que le milieu le plus denſe eſt quelquefois le plus difficile, comme il eſt quelquefois le plus facile : que le milieu le moins denſe eſt quelquefois le plus facile, comme il eſt preſque toujours le plus difficile : Qu'eſt-ce qui rend donc un milieu plus facile pour les rayons ? il paroît que l'air eſt de tous les corps celui dans les pores duquel la lumiére eſt plus retardée ; & dès-lors moins il y a d'air dans les pores d'un corps, plus il deviendra un milieu facile pour les rayons ; auſſi remarque-t'on que les refractions ſont plus fortes dans l'eau purgée d'air ; & ſi les refractions ſont plus foibles dans l'eau que dans l'eſprit de vin, cela vient apparemment de ce que l'action du feu a fait ſortir beaucoup d'air de l'eſprit de vin : Mais cette explication fut-elle fauſſe, il ne s'enſuivroit pas que celle de M. de Voltaire fut vraie & l'attraction Neutonienne n'y gagneroit rien. Il faudroit conclure ſimplement qu'on n'en ſçait rien ; qu'on le ſçaura peut-être un jour, que peut-être on ne le ſçaura jamais. On eſt ſi rarement en pays de connoiſſance dans l'étude de la nature ; & un Philoſophe ſenſé s'arrête tout court, lorſque la lumiére l'abandonne.

V.

M. de Voltaire expoſe avec beaucoup de netteté le ſyſtême de Neuton ſur les couleurs : (1) je dis *ſyſtême* pour me ſervir de l'expreſſion ordinaire ; car il me paroît demontré que Neuton ſur ce point à découvert avec une ſagacité incroyable, les voies cachées de la nature & que ſon ſyſtême eſt celui de la nature même. Une experience eſt en Phyſique ce qu'eſt un principe en Geométrie. Une concluſion liée avec un principe certain à toute la certitude du principe : une conſequence qui ſuit immédiatement & évidemment d'une experience cer-

(1) M. de Voltaire a cependant oublié ou ignoré une expérience auſſi neceſſaire, qu'elle eſt déciſive pour le ſyſtême de Neuton. L'opinion la plus commune & la ſeule un peu raiſonnable ſur les couleurs, eſt celle qui les fait conſiſter dans un mélange d'ombre & de lumiére. Or Neuton a demontré par une experience certaine que les couleurs ſont independantes de ce mélange d'ombre & de lumiere. Car aprés avoir decompoſé les rayons ſelon la methode ordinaire, il en intercepte quelqu'un : ce rayon intercepté, le rayon vert par exemple, qu'il ſoit plus ou moins éclairé, plus ou moins ombragé, ſa couleur primitive eſt conſtante & inalterable ; d'où il ſuit évidemment que les couleurs ne conſiſtent pas dans un mélange d'ombre & de lumiére, de rayons efficaces & inefficaces : langage d'ailleurs qui n'éclaire pas, & qui ne dit rien à l'eſprit.

taine à toute la certitude de l'experience même. Or la differente refrangibilité, la differente reflexibilité des rayons sont une consequence necessaire & immediate des experiences de Neuton, experiences qu'on se rendroit aujourd'hui ridicule de nier; puisqu'on les repéte avec succès dans les differentes parties de l'Europe.

Il est vrai qu'il est très-difficile de trouver la cause Physique des differentes proprietés des rayons, & que cette nouvelle découverte ne s'accorde gueres avec les systêmes reçûs; mais tant pis pour ces systêmes: La difficulté d'expliquer un fait certain n'est pas une raison de le rejetter, le Philosophe doit accommoder ses systêmes à l'experience, & non l'experience à ses systêmes; on admet le ressort de l'air, quoiqu'on en ignore la cause; pourquoi n'admettroit-on pas la nouvelle proprieté des rayons, parceque la cause en est ignorée?

Comme M. de Voltaire ne craint rien tant que d'avouer son ignorance, lors même qu'elle lui feroit plus d'honneur que des conjectures hazardées, il prétend que l'attraction eſt la cauſe méchanique de cette nouvelle proprieté des rayons : Ne voilà t-il pas l'eſprit bien éclairé ? Ne vaudroit-il pas mieux ſe taire, que d'apporter une raiſon auſſi myſtérieuſe & auſſi inconnue que celle-là ? Le different degré de refrangibilité des rayons, a-t'il plus de ténebres & de profondeur que cette attraction ? mais on veut de neceſſité faire de cette attraction une cauſe conſtante & univerſelle. M. de Voltaire dit que comme c'eſt être *Charlatan en medecine que de ſe vanter d'avoir un reméde univerſel, c'eſt être Charlatan en Philoſophie que de rapporter tout à la même cauſe.* Ignore t'il donc que chez Neuton l'attraction eſt une cauſe univerſelle ? M. de Voltaire lui-même n'explique-t'il pas tous les Phenomenes par cette force inconnue ?

M. de Voltaire devoit s'en tenir à la raiſon qu'il apporte au commencement du Chapitre neuviéme ; il eût été moins ſingulier, mais il eût été plus intelligible. Les rayons ont conſtamment au même angle d'incidence different angle de refraction ; le rayon rouge eſt invariablement le moins refrangible; le rayon violet eſt le plus refrangible ; le rayon rouge eſt donc moins detourné de ſa route, le rayon violet eſt celui qui s'en détourne le plus : le rayon rouge a donc plus de force que le rayon violet. Or la force d'un corps ne vient que de ſa maſſe ou de ſa viteſſe ; il faut donc que le rayon rouge ait plus de maſſe ou que ſes vibrations ſoient plus fortes ; dès qu'on reconnoît dans les rayons rouges ou plus de maſſe ou des vibrations plus fortes, on voit évidemment qu'ils doivent moins ſe rompre en paſſant d'un milieu dans un autre : Qu'eſt-il donc neceſſaire après avoir apporté une raiſon ſi méchanique & ſi claire, d'avoir recours à une force inconnue ?

Il étoit encore moins neceſſaire de vouloir demontrer que les parties qui compoſent les rayons, ſont des parties *dures*, *ſolides*, *indiviſibles*, *de veritables Atomes* ; il faut en verité qu'il y ait une eſpece de circulation dans les opinions humaines ; circulation dont il eſt auſſi difficile d'apporter des raiſons que de l'apparition ſubite des Cometes. Depuis pluſieurs ſiécles tout le monde a d'un commun accord frondé les Atomes indiviſibles. On entreprend aujourd'hui de les reſſuſciter ; il en eſt apparemment des opinions comme de modes, elles ſe ſuccedent & ſe détruiſent ſans ſçavoir pourquoi.

Les nouvelles preuves que M. de Voltaire apporte de l'exiſtence & de l'indiviſibilité des Atomes ne leur feront pas beaucoup de Partiſans ; elles ſont très-obſcures & ne prouvent rien ; voici ſa grande demonſtration : *Je ſuis arrivé par ma diviſion aux deux derniers pores ; il y a entr'eux un corps ou non ; s'il n'y en a point, il n'y a donc pas de matiere* ; Peut-on ſuppoſer qu'il n'y ait point de corps entre deux pores ? puiſque les pores ne ſont autre choſe que les interſtices qui ſe trouvent dans la matiere, & qui ne peuvent dès-lors exiſter ſans la matiere ? M. de Voltaire continue ; *S'il y en a, ce corps eſt donc ſans pores* ; J'y conſens : qu'en concluez-vous ? *que cette Particule de matiere eſt réellement indiviſible* : Je le nie, car cette Particule, quelque petite qu'on la conçoive, qu'elle ait des pores ou non, eſt certainement étendue ; puiſque la Diviſion peut bien diminuer, mais non pas détruire l'étendue : ſi cette

Particule eſt étendue, elle a donc des parties ; ſi elle a des parties, elle a au moins deux extremités & un milieu ; la Diviſion aura donc toujours lieu : voilà un raiſonnement ſimple contre lequel échoueront toujours les vaines ſubtilités des partiſans d'Epicure, & qui empêcheront toujours les Atomes de faire fortune.

V I.

M. de Voltaire ne ſe contente pas de réſuſciter les Atomes, il veut encore réſuſciter les Vuides, & ruiner les Tourbillons. La plûpart des preuves qu'il apporte pour établir la réalité des uns & l'impoſſibilité des autres ſe trouvent par tout ; & par tout auſſi on trouve des réponſes très-ſatisfaiſantes à ces difficultés. Mais Neuton a fait contre le plein & contre les tourbillons une difficulté qui a tout l'air d'une démonſtration rigoureuſe, & qui a fait bien des partiſans au Neutoniſme ; il ſuffira donc de répondre à cette difficulté, dont je ne diſſimulerai pas la force : la voici.

Monſieur Neuton a demontré qu'un mobile qui traverſe un fluide d'une denſité ſpecifique, perdoit la moitié de ſa viteſſe, après avoir parcouru dans ce fluide trois de ſes diametres; de ſorte que ſi le mobile avoit au commencement de ſon mouvement douze degrés de viteſſe, il n'en aura plus que ſix après avoir parcouru trois de ſes diametres; il a demontré enſuite que plus un fluide étoit denſe, moins le mobile y parcouroit de ſes diametres avant d'avoir perdu la moitié de ſa viteſſe, & plus ce mobile y trouvoit de reſiſtance; ainſi le vif argent reſiſte treize ou quatorze fois plus que l'eau, & l'eau huit où 9. cent fois plus que l'air, parceque le vif argent eſt treize ou quatorze fois plus denſe que l'eau, & l'eau huit ou neuf cent fois plus denſe que l'air: Or la matiere étherée, dans laquelle on fait nager les Planetes, eſt d'une denſité infinie, puiſqu'elle n'a aucuns pores, & que l'or qui eſt le plus peſant des corps, a plus de pores que de matiere ſolide. M. Neuton a conclu de ces obſervations que les corps céleſtes ne trouvant aucune réſiſtance ſenſible à leur mouvement, nageoient neceſſairement dans des vuides immenſes, c'eſt-à-dire, dans des eſpaces immateriels, penetrables, incapables d'impulsion, de mouvement & de force; d'où suit évidemment l'impossibilité du plein, & des tourbillons de Descartes.

Je réponds, 1°. Que cette demonstration de M. Neuton ne prouve contre le plein & les tourbillons, qu'autant que la densité & la pesanteur sont la même chose, & que la résistance d'un fluide croit à proportion de sa densité: M. Neuton le suppose par tout; mais il ne le prouve pas. Les Cartesiens conviennent bien que la matiére étherée est d'une densité la plus grande, en ce sens qu'elle n'a point de pores; mais ils nient constamment que la pesanteur & la resistance répondent à cette densité; ils prétendent même que la résistance de cette matiére étherée est insensible, que sa pesanteur est infiniment petite; & ils le prouvent par l'expérience de la machine Pneumatique. Un recipient dont on pompe l'air, pése moins, & les corps n'y trouvent presque aucune resistance à leur mouvement; ce recipient est cependant plein d'une matiére très-dense dans le sens de Descartes, c'est-à-dire, de la matiére ėtherée. M. l'Abbé Privat de Moliéres, dans ses excellentes leçons de Physique a fort détaillé cette réponse & elle a dequoi satisfaire un esprit attentif.

Je réponds, 2°. Qu'en supposant même la resistance de la matiére ėtherée, & en confondant, comme le fait Neuton par tout, la pesanteur avec la densité, les consequences qu'il en tire contre le mouvement des corps célestes dans le plein, ne sont pas concluantes. Chaque Planete nage dans la matiére ėtherée, en suit le mouvement & la détermination, comme nous voyons un corps obéir à l'impression qu'il reçoit dans un tourbillon d'eau; un corps emporté dans ce tourbillon d'eau perd-t'il la moitié de sa vitesse après avoir parcouru trois de ses diametres? non sans doute; Pourquoi? parce que ce corps suivant le mouvement de l'eau, n'a pas sa résistance à vaincre. Or, les Planetes obéissent de même au mouvement circulaire de la matiére ėtherée; cette matiére ėtherée ne s'oppose donc pas au mouvement des Planetes: les Planetes n'ont donc pas de résistance à vaincre; les demonstrations de Neuton, quelques évidentes qu'elle ſoient, ne prouvent donc rien contre le mouvement circulaire des corps céleſtes.

Je réponds 3°. Que la demonſtration de Neuton tourne contre lui-même. Voici comment. J'ai déja prouvé que M. de Voltaire étoit obligé de reconnoître une matiére lumineuſe répandue depuis les étoiles juſqu'à nous; la lumiére eſt un corps, puiſqu'elle agit ſur les corps; ce corps eſt par tout, puiſqu'il agit par tout; ce corps péſe, puiſque M. Neuton veut qu'on lui accorde que tous les corps ſont eſſentiellement peſants; ce corps eſt denſe, puiſque tous les corps ont de la matiére ſolide; ce corps reſiſte, puiſque la réſiſtance eſt l'effet de la denſité, & de la peſanteur; ce corps a une velocité preſque infinie, puiſque le calcul, dit M. de Voltaire, » apprend que la rapidité d'un rayon » eſt ſeize cent ſoixante & ſix mille » ſix cent fois plus forte que celle » d'un boulet de canon; l'effet que » produit la force d'un corps dans un » mouvement, du moins uniformement acceleré, eſt le produit de ſa » maſſe par le quarré de ſa viteſſe,

» c'eſt-à-dire, qu'un corps, s'il a dix
» degrés de viteſſe, fera, toutes choſes
» égales, cent fois plus d'impreſſion,
» que s'il n'avoit qu'un dégré de vi-
» teſſe : Si donc une ſeule particule
» de lumiére agit en raiſon du quarré
» de ſa viteſſe, & que cette viteſſe
» eſt environ ſeize cent mille par
» rapport à celle d'un boulet, ce quar-
» ré ſera 2560000000000, il ſera
» donc vrai, que ſi cet Atome n'eſt
» que deux milliaſſes cinq cent ſoi-
» xante miliards moins gros qu'une
» livre, il fera encore le même effet
» qu'un boulet de canon.

Je reprends maintenant, & je dis : un mobile ne peut parcourir trois de ſes diametres dans un fluide d'une denſité ſpecifique, ſans perdre la moitié de ſa viteſſe ; cette matiére lumineuſe, dont la velocité, & par conſéquent la force eſt immenſe, & dans laquelle les Planetes ſont plongées, ou eſt d'une denſité ſpecifique, ou eſt plus ou moins denſe que les Planetes : Dans ces trois cas, les Planetes doivent enfin perdre leur mouvement par le choc & la communication ; donc, le mouvement des Planetes ne peut s'expliquer dans l'hypothese Neutonienne ; donc, la démonstration de M. de Voltaire tourne contre lui-même.

Je réponds 4°. Que toutes ces démonstrations doivent ceder à une preuve experimentale : c'est un fait, & un fait d'une expérience reconnue, que nous voyons les corps célestes tourner sur leur centre & autour d'un centre commun ; un corps ne reçoit de mouvement que par la communication ; la communication ne se fait que par le choc ; ce sont les loix constantes & invariables de la nature ; ces mêmes loix demontrent que le mouvement n'est constamment circulaire que par le choc d'un corps mû circulairement : donc, les Planetes sont emportées dans un fluide mû circulairement : donc, il y a des tourbillons. Le principe de ce mouvement circulaire de la matiére étherée est peut-être dans le Soleil, qui en tournant sur son centre en 25. jours, fait circuler toute la matiére céleste ; & par consequent tous les corps qui s'y trouvent.

Ces idées sont simples & lumineuses ; on marche dans les ténébres, on ne sçait plus à quoi se tenir, dès qu'on les quitte & qu'on se jette dans je ne sçai quelle attraction ; car remarquez que , quoiqu'on explique bien par cette attraction le mouvement des Planetes autour d'un centre commun , ce mouvement comme mouvement , & surtout le mouvement des Planetes sur leur centre est inéxplicable dans l'hypothese Neutonienne ; aussi M. de Voltaire n'en dit-il rien : Il a eu cette sagesse sur quelques autres points , & peut-être auroit-il bien fait de la pousser plus loin.

VII.

Comme M. Neuton croyoit avoir démontré que les Planetes ne pouvoient se mouvoir dans le plein , il les fit nager dans des vuides immenses ; mais comme il vit d'un autre côté que les Planetes nageant circulairement dans le vuide, devoient selon les loix du mouvement s'échaper par des tangentes innombrables , & aller servir d'aliment à quelque étoile fixe , il falloit bien les retenir par quelque stratagême dans les Ellipses qu'elles décrivent constamment. Il eut pour cela recours à la gravitation, à l'attraction ; cette gravitation, cette attraction eſt le grand principe de la Philoſophie Neutonienne. On ſent que M. de Voltaire a extrêmement à cœur de faire goûter ce ſyſtême, & il réunit toutes ſes forces pour le repreſenter ſous un jour ſéduiſant: Je ne le ſuivrai pas dans tous les raiſonnemens qu'il fait pour y réuſſir; je ferois un Livre, & je ne veux faire qu'une Lettre: Je me contenterai de faire quelques obſervations, qui puiſſent mettre tout eſprit attentif en état de juger de cette fameuſe hypotheſe.

Et d'abord je conviendrai qu'on explique aſſez heureuſement dans ce ſyſtême les mouvemens réguliers & irréguliers des corps céleſtes, l'Aphelie, le Perihelie des Planetes, les inégalités de la Lune ſur tout; Que la fameuſe regle de Kepler s'ajuſte parfaitement bien avec cette hypotheſe, que la plûpart des difficultés qu'on fait pour la ruiner ſont vaines & frivoles; que celle en particulier, par laquelle on prétend que les corps céleſtes, s'ils nagent dans le vuide, devroient s'échaper par des tangentes, eſt puerile & tombe d'elle-même. Les Planetes ont chez Neuton, non-ſeulement un mouvement de projectile par la tangente, mais encore un mouvement commun vers le centre general de gravité; de ce double mouvement, doit naître un troisiéme, composé de Diagonales infiniment petites; & par consequent un mouvement circulaire autour d'un centre commun.

Je conviendrai même qu'un esprit Philosophe n'est pas si revolté du terme d'attraction & de gravitation; celui d'impulsion ne paroît peut-être plus clair, que parce qu'on y est plus accoûtumé: On ne conçoit qu'un corps communique son mouvement à un autre corps, que parce qu'on conçoit que l'Auteur de la Nature a voulu que le mouvement perdu dans le corps frappant, fut reproduit dans le corps frappé. Ce Législateur de la Nature, n'a-t'il pas pû vouloir également qu'un corps gravitât sur un autre, qu'ils gravitassent tous sur un centre commun, qu'ils s'attirassent mutuellement, & que cette force agit en raison inverse du quarré des distances: Je crois qu'il est difficile de démontrer le contraire. M. de Voltaire cependant, doit convenir que je suis fort accommodant, & me sçavoir quelque gré des aveux que je fais ; il ne doute pas, je pense, qu'il ne fût facile de lui disputer avec avantage le terrein qu'on lui céde si genereusement ; je sens même que je donne des armes contre moi, mais ces armes je ne les crains pas, & d'ailleurs je ne puis rien contre la vérité connue.

2°. Il n'y a rien de si séduisant, & de si capable de subjuguer les imaginations, qu'une opinion enseignée par un homme d'une haute réputation, & adoptée par quelque motif que ce puisse être, par ce qui s'appelle beaux esprits : Ce crédit, cette faveur que trouve une doctrine, chez des gens honorés de l'estime publique, & accoûtumés à donner le ton en matiére d'opinions, est une demonstration plus forte peut-être que les demonstrations Geometriques qu'on ne lit pas, ou qu'on n'entend point. C'est une preuve sensible, qui ne demande pas de discussion, & à laquelle on se rend avec d'autant plus de plaisir, que l'amour propre y trouve plus son compte ; M. de Voltaire dit que l'hypothese Neutonienne est adoptée en Angleterre, en Hollande, en Allemagne & même en Italie : Il ajoute, il est vrai, que ce n'est pas-là une preuve : mais M. de Voltaire connoît trop les hommes pour n'être pas persuadé que ç'en est une très forte pour la plûpart des hommes ; & il y a , pour me servir de ses termes , *l'infini à parier contre le rien* , que cette preuve a rendu en partie M. de Voltaire Philosophe Neutonien.

Cette preuve rendoit tous les beaux esprits de Rome Epicuriens du tems d'Epicure ; les Atomes étoient plus célébres alors , que n'ont été depuis les trois élemens & les tourbillons de Descartes , que ne l'est à présent l'attraction Neutonienne ; dans le monde bel esprit , c'eût été se rendre ridicule , que de n'être pas partisan des Atomes & du Vuide. Ciceron qui vivoit long-tems après Epicure n'ose élever qu'une voix timide & tremblante contre les Atomes ; & Lucrece un des beaux esprits de Rome , ne crut pas pouvoir faire un meilleur usage de ses talens que de préter les graces de la Poësie à la Philosophie Epicurienne. M. de Voltaire a voulu être le Lucrece de Neuton : Mais Neuton a-t-il trouvé un Lucrece dans M. de Voltaire ?

Cette preuve encore a rendu une grande partie de l'Europe Cartesienne, & depuis ce grand Philosophe il n'est presque pas de bel esprit dans toutes les Nations qui n'ait frondé les Atomes & les Vuides d'Epicure. Cette preuve ne rendra-t-elle pas l'Europe Neutonienne ? L'Ouvrage est déja bien avancé , & il sera bien-tôt consommé , si les réflexions qu'il est naturel de faire sur la futilité des systêmes , & sur la séduction d'une Doctrine à la mode , ne précautionne & ne guérit les esprits sur tout en France.

3°. Les mouvemens des corps céleftes s'expliquent par les loix de la gravitation ; donc la gravitation est une force réellement existante ; donc la gravitation est le vrai systême de la Nature : Je ne vois pas cela , & la conséquence n'est pas juste ; il faut conclure tout au plus que la gravitation est une hypothese ingénieuse , un principe possible ; il n'est pas peut-être donné à l'homme de connoître le vrai systême de la Nature. Nous voyons differents systêmes expliquer fort simplement les mêmes Phenomenes ; lequel est le vrai ? c'est ce qu'on ne pourra jamais décider avec certitude. Auſſi M. Neuton plus reſervé, & moins préſomptueux que M. de Voltaire ſon diſciple ne donne jamais cette attraction comme une cauſe Phyſique & méchanique, comme un principe réel; mais comme une cauſe ſeulement Mathematique & idéale: » *Has vires non Phyſicè, ſed* » *Mathematicè tantùm conſiderando* ..... » *caveat Lector ne per hujuſcemodi voces at-* » *tractionis, propenſionis, cogitet me ſpe-* » *ciem, vel modum actionis cauſamve aut* » *rationem Phyſicam alicubi definire.*

Il ne ſera pas inutile de faire ici deux obſervations: 1_{o}.L'attraction eſt de l'aveu du Philoſophe Anglois une cauſe purement poſſible, un principe ſeulement Geometrique, une force inconnue, dont il conſidére, compare & calcule les effets. Qu'il plaiſe à quelqu'un de nier cette force inconnue; que deviendront ces profondes theories, ces calculs merveilleux, ces meſures exactes, ces explications ſublimes du grand Neuton. Voilà l'inconvenient inévitable des ſyſtêmes; inconvenient qui les degrade fort. 2_{o}. Qu'elle différence ne remarque-t'on pas entre le ton ſage &

modeste d'un Philosophe consommé, & le langage présomptueux d'un Philosophe de quelques jours ? M. Neuton ne parle de l'attraction, que comme d'une cause inconnue & possible : M. de Voltaire conclut presque à chaque page que l'attraction est une cause réelle & existante ; la refraction & la reflexion des rayons, leurs différents dégrés de refrangibilité & de refléxibilité, le mouvement des Planetes, leurs révolutions, leurs distances, leur velocité sont toujours des demonstrations rigoureuses de cette attraction : Que M. de Voltaire connoît peu le ton de la vraie Philosophie ? Le vrai Philosophe doute lorsqu'il faut douter, ne voit point de demonstration ou il n'y en a pas, sçait évaluer la force des preuves ; c'est un point auquel on ne fait pas assez d'attention : la vrai-semblance devient odieuse, lorsqu'on la donne pour une vérité incontestable, & on fait haïr la probabilité lorsqu'on veut la faire passer pour une demonstration.

Le même génie sans doute, qui a fait découvrir au grand Neuton des choses si sublimes, lui faisoit appercevoir que cette attraction après tout ne laisse aucune idée nette dans l'esprit ; qu'elle a quelque chose de mysterieux & d'inintelligible ; qu'elle paroît résusciter (1) ces qualités occultes qu'on avoit ensevelies avec raison dans un profond oubli ; que l'impulsion opère tout sur notre terre, & que l'Auteur de la Nature, dont les Ouvrages doivent porter le caractere de sa simplicité & de l'uniformité de ses voies, n'aura pas établi d'autres loix pour les corps célestes, que pour les corps sublunaires : Que ces vuides immenses ; que ces écoulemens perpetuels des Astres avoient quelque chose de rebutant & de peu conforme aux principes reçus & avoués de tout le monde : Il appercevoit sans doute bien d'autres défauts de son systême, que je n'apperçois pas. (2) Je suis persuadé

(1) M. Neuton a crû se sauver du reproche d'admettre les *qualités occultes* des Peripateticiens, en avouant que les causes des effets qu'il voyoit dans la Nature, étoient à la vérité occultes ; mais que les effets étoient clairs & manifestes ; mais n'est-ce pas-là rappeller les *qualités occultes* ? car ce que les Peripateticiens, comme le remarque l'historien de l'Académie, appelloient *qualités occultes*, n'étoit-ce pas des causes ? ils voyoient bien aussi les effets.

(2) Ce qui me confirme dans cette persuasion, c'est que Neuton, étonné sans doute des difficultés qu'il que chez les grands génies, le desir d'être inventeur ne domine pas l'imagination, jusqu'à les empêcher d'appercevoir les endroits foibles d'un système; mais les grands génies ne se défendent pas aisément du plaisir flatteur de ruiner une hypothese fameuse, d'en établir une nouvelle, de faire voir la fécondité d'un calcul dont on est l'auteur.

4°. M. de Voltaire apporte une experience sur laquelle il triomphe fort, & qui est en effet la seule qui paroisse prouver que l'attraction est une cause réelle & existante : La voici cette experience : On suspend dans un recipient de verre haut de huit pieds de l'or, du plomb, des morceaux de papier & des plumes ; on pompe l'air le plus exactement qu'il est possible ; on laisse ensuite tomber ces corps, & l'experience souvent réiterée apprend que l'or, le plomb, le papier & les plumes tombent avec la même vitesse & arrivent au fond du recipient en même tems : Il paroît d'abord, que si ce recipient après

appercevoit dans son système de l'attraction, paroît en quelques endroits de ses Ouvrages reconnoître une espéce de plein, admettre une matiére subtile, une pesanteur extrinseque, une impulsion véritable.

avoir pompé l'air, étoit encore rempli d'un fluide, ce fluide résisteroit à la descente de ces corps en raison de leurs superficies; donc le papier trouveroit plus de résistance que l'or; donc le papier devroit tomber plus lentement que l'or; donc, dit M. de Voltaire, il n'y a rien dans le recipient qui resiste; donc ce fluide est imaginaire.

Cette difficulté, quelque grande qu'elle paroisse, n'a de force qu'autant que le fluide dont est plein le recipient résiste à la chûte des corps: Car si ce fluide ne résiste pas, la raison tirée des superficies n'a plus lieu: L'action de la pesanteur agira sur ces corps, en raison directe de leurs masses; & ces corps doivent tomber avec une égale vitesse. Or ce fluide n'a aucune résistance, (1) ou du

(1) Cette résistance insensible, cette pesanteur infiniment petite, se trouve même dans quelques corps sensibles: M. Boerhaave dans ses élemens de Chimie, Ouvrage excellent & fondé sur des experiences exquises, prétend que le feu ne pése pas; & il le prouve par une expérience sensible & facile: Un morceau de fer rouge & tout en feu ne pése pas plus que lorsqu'il étoit froid; c'est là sans doute la cause de la résistance insensible de la flamme; cette flamme dont l'action est si puissante ne resiste point, ou resiste infiniment peu au mouvement horizontal des corps: C'est un fait fondé en expérience.

Mr Boerhaave veut encore que l'air proprement dit

moins je puis ſuppoſer qu'il n'en a pas avec autant de raiſon que M. de Voltaire ſuppoſe une gravitation intrinſeque, une attraction incompréhenſible : Certainement, hypotheſe pour hypotheſe, celle de la réſiſtance inſenſible de la matiére ètherée ſera plus du goût de la plûpart des Philoſophes, que celle d'une attraction inintelligible ; dès qu'on ſuppoſe cette matiére ètherée compoſée de petits tourbillons parfaitement en équilibre entr'eux, l'eſprit apperçoit bien de la vraiſemblance dans cette réſiſtance inſenſible de la matiére ètherée ; mais envisagez l'attraction de quelque côté qu'il vous plaira, l'eſprit ne verra jamais que myſteres, que ténébres, qu'incomprehenſibili-

ne péſe point ; & voici ſa preuve : Il eſt certain que l'air eſt chargé de vapeurs, d'exhalaiſons, & d'un grand nombre de particules de toutes ſortes de corps : Il eſt certain encore que l'eau eſt 850 fois plus péſante que l'air ; ſi on ſuppoſe donc que la huit-cent cinquantiéme partie eſt de l'eau ou quelqu'autre corps auſſi péſant, il s'enſuivra que la péſanteur de l'air proprement dit, ſera zero, c'eſt-à-dire que la péſanteur de l'air ſera nulle, ou infiniment petite. Cette obſervation étonnera ſans doute la plupart des Philoſophes accoûtumés à regarder la péſanteur de l'air, comme la cauſe de pluſieurs Phenomenes, & en particulier des variations du Baromêtre. La peſanteur n'entre pour rien dans ces variations ; le reſſort ſeul de l'air agit, c'eſt un point qu'il ne ſeroit pas difficile de prouver ; mais ce n'en eſt pas ici le lieu,

tés; jugez après cela si M. de Voltaire a bonne grace de traiter la matiére étherée avec tant de mépris, & si son triomphe n'est pas plus imaginaire que cette matiére, dont il dit tant de mal.

Cette réponse devient de plus en plus satisfaisante, & passe les bornes de la simple probabilité, si on fait refléxion que M. de Voltaire est obligé de convenir qu'il y a quelque matiére dans ce recipient vuide d'air: Car enfin, on y voit la lumiére, & très sûrement la lumiére est un corps; il est vrai que M. de Voltaire dit que cette lumiére n'occupe pas la cent milliéme partie du recipient: D'où le sçait-il? Qu'elle preuve en a-t'il? aucune. Mais lorsqu'on est embarrassé il faut bien dire quelque chose; cela est pardonnable peut-être à un homme qui répond sur un banc: Mais l'est-il à quelqu'un qui veut instruire sa Nation, & qui est toujours sur le ton demonstratif?

Je réponds à M. de Voltaire, sur un ton plus modeste; qu'il paroît prouvé par le fait que le recipient est réellement plein de matiére; parce que le fait prouve qu'on voit la lumiére dans tous les points du recipient ; 2°. La lumiére n'occupât-elle pas toute la capacité du recipient, le raisonnement que fait M. Voltaire, ne peut ruiner le Cartesianisme sans ruiner le Neutonisme du plus au moins ; car la matiére lumineuse qui reste dans le recipient, ou résiste à la chûte des corps, ou ne résiste pas : si elle ne résiste pas, nous avons donc une matiére dont la résistance est insensible ; & pourquoi ne seroit-ce pas celle de Descartes ? si elle résiste, elle résiste en raison des surfaces ; donc elle doit plus résister au papier qu'à la boule d'or ; donc la boule d'or, devroit tomber avec plus de vitesse que le papier ; donc le raisonnement de M. de Voltaire se tourne contre lui : Que M. de Voltaire réponde à cela quelque chose de net & de précis. Je m'arrête-là : Vous n'avez exigé de moi que quelques observations générales, (1) faciles, & à la

(1) Ces observations generales, sont peut-être l'unique moyen d'attaquer avec avantage le systême de Neuton ; car on ne peut nier que ses calculs ne soient aussi exacts qu'ils sont profonds ; que ses théories ne soient aussi justes qu'elles sont sublimes ; que les Phenomenes célestes ne viennent comme d'eux-mêmes se ranger sous les loix de la gravitation : De grands Physiciens, de profonds Geometres ont eu le plus grand interêt de relever les fautes qui seroient échappées sur ce point au Philosophe Anglois : Ils ne l'ont pas fait ; donc ils n'ont pu le faire ; la conséquence paroît assez concluante.

portée de tous ceux qui ont quelque connoissance de la Physique, vous êtes servi selon votre goût ; le mien me porte à vous donner en toute occasion des marques de l'attachement respectueux avec lequel Je suis,

Votre très, &c.

BIBLIOTHEQUE NATIONALE DE FRANCE
3 7502 04432325 3

www.ingramcontent.com/pod-product-compliance
Ingram Content Group UK Ltd.
Pitfield, Milton Keynes, MK11 3LW, UK
UKHW021145230726
13926UKWH00002B/925

9 782013 678872